DÉLIBÉRATIONS

DES CHAMBRES DES NOTAIRES

DU DÉPARTEMENT DE LA COTE-D'OR

PRISES EN VERTU

DE LA LOI DU 20 JUIN 1896 (ART. 2)

DU DÉCRET DU 25 AOUT 1898 (ART. 3)

DE LA LETTRE DE M. LE MINISTRE DE LA JUSTICE DU 10 JUILLET 1899

ET DE LA CIRCULAIRE DE M. LE MINISTRE DE LA JUSTICE DU 3 MAI 1900.

DIJON

IMPRIMERIE R. DE THOREY

5, rue Docteur-Chaussier, 5

1927

DÉLIBÉRATIONS

DES CHAMBRES DES NOTAIRES

DU DÉPARTEMENT DE LA COTE-D'OR

PRISES EN VERTU

DE LA LOI DU 20 JUIN 1896 (ART. 2)

DU DÉCRET DU 25 AOUT 1898 (ART. 3)

DE LA LETTRE DE M. LE MINISTRE DE LA JUSTICE DU 10 JUILLET 1899

ET DE LA CIRCULAIRE DE M. LE MINISTRE DE LA JUSTICE DU 3 MAI 1900.

DIJON

IMPRIMERIE R. DE THOREY

5, rue Docteur-Chaussier, 5

1927

I.

FRAIS TAXABLES

Application de l'art. 2 de la Loi du 20 juin 1896

LOI DU 20 JUIN 1896

ART. 1. — Pour les actes qui n'auraient pas été compris dans le tarif, les frais seront, à défaut de règlement amiable entre les notaires et les parties, taxés par le président du tribunal de la résidence du notaire (1).

---

(1) « Par le mot « actes », le législateur n'a pas entendu seulement l'écrit, auquel les parties ont voulu donner le caractère d'authenticité, mais, dans le sens le plus large, les projets d'actes, les actes restés imparfaits, et aussi toutes les formalités qui sont la conséquence légale des fonctions des notaires ou la suite naturelle de leurs actes.

« C'est ainsi que l'a compris la Commission extra-parlementaire du Tarif Légal et, après elle, le Conseil d'Etat.

« Il en résulte que le président a qualité pour taxer, non seulement tout acte, instrumentum, non prévu au tarif, mais encore les actes simplement préparés ou restés en projet, ainsi que toutes les formalités analogues à l'une de celles qui ont été tarifées et qui auraient été omises par le législateur.

« Tous les décrets du 25 août 1898 forment le complément de la Loi du 20 juin 1896. Un président de tribunal peut donc légitimement s'appuyer sur un décret étranger à son ressort pour y trouver des analogies l'autorisant à taxer et même des indications de taux ».

(Traité général théorique et pratique des Honoraires des Notaires, publié par M. Amiaud, Chef du bureau du notariat au Ministère de la Justice, membre de la Commission du Tarif Légal, et par M. Voland, secrétaire de la Commission du Tarif Légal, avec une préface de M. La Borde, Directeur des Affaires Civiles au Ministère de la Justice, président de la Commission du Tarif Légal. 2e édition, 1906, p. 74, nos 2-3).

CIRCULAIRE
DU MINISTRE DE LA JUSTICE
du 3 Mai 1900

Si l'on ne peut laisser aux Compagnies de notaires le droit de formuler un tarif obligatoire pour rémunérer, **soit les actes omis dans les décrets,** soit les mandats et gestions prévus par l'article 3 des dispositions générales, il convient de reconnaître au contraire que la surveillance et l'intervention des Chambres doivent, en cette matière, s'exercer activement, en vertu du contrôle qui leur est expressément conféré.

Tout en s'abstenant d'établir un tarif **impératif** et de fixer les cas où des honoraires spéciaux **devraient** être réclamés, **les Chambres ont la faculté de donner leur appréciation sur les conditions dans lesquelles il peut être formé une demande d'honoraires, de rappeler les usages suivis** dans l'arrondissement en vertu d'une longue tradition, **et de tracer ainsi aux notaires,** d'une manière générale, **une règle de conduite.**

ACTE SOUS SEING PRIVÉ

Moitié de l'honoraire auquel aurait donné lieu l'acte authentique contenant la convention.

Dans le cas où l'acte est converti en acte authentique reçu par le même notaire ou déposé en la même étude avec reconnaissance d'écritures, il n'est perçu que le surplus de l'honoraire du Tarif Légal (1).

ADOPTION

Honoraires par vacations.
Minimum : une vacation.

CONTRAT CONDITIONNEL DE PRÊT
PAR LE CRÉDIT FONCIER (2)

Honoraires par rôles de minute.

DÉCLARATION DE SUCCESSION (3)

Etat de dettes : 10 fr. par rôle de minute (4).

Attestation des créanciers : 10 fr. par rôle de minute (5).

Copie collationnée des titres de créances contre le de cujus : 10 fr. en sus des droits de rôle (6).

S'il s'agit, non d'une simple copie de titres, mais du dépouillement de livres de commerce, le notaire aura le droit

---

(1) Cf. Tarif Légal. V° Dépôt d'actes sous seing privé.
(2) Pour les honoraires de négociation, cf. p. 25. V° Prêt par le Crédit Foncier.
(3) Cf. Tarif Légal et p. 20. V° Déclaration de succession.
(4) Cf. Tarif Légal. V° Etat de dettes.
(5) Cf. Tarif Légal. V° Déclaration pure et simple.
(6) D. du 25 août 1898, Art. 21 et D. du 29 janvier 1927. Art. 9.

de substituer à l'honoraire fixe l'honoraire par vacations comme en matière d'inventaire.

Si le notaire est obligé de se transporter au domicile des créanciers pour la rédaction des pièces ci-dessus visées, il aura droit à l'indemnité de voyage prévue par l'article 22 du Tarif Légal.

Copie des déclarations de succession de 100.000 francs et au-dessus (1).

Honoraires par rôles de minute.

DÉCOMPTE D'INTÉRÊTS
(Pour radiation d'inscriptions de privilèges, hypothèques ou nantissements)

Honoraires par vacation.

Minimum :

Une demi-vacation pour un capital au-dessous de 5.000 fr.

Une vacation pour un capital de 5.000 fr. et au-dessus.

FONDS DE COMMERCE
(Actes et formalités relatifs aux)

Honoraires des actes et formalités relatifs aux immeubles (2).

POUVOIR SOUS SEING PRIVÉ

Honoraires de la procuration en brevet.

---

(1) Loi du 29 avril 1926. Art. 12.
(2) Cf. Tarif Légal. passim. Vº Affectation hypothécaire. Affiches et insertions. Bordereau d'inscription. Bordereau en renouvellement. Formalités hypothécaires. Gage et nantissement. Mainlevée d'inscription.

PROCÈS-VERBAL D'OUVERTURE DE COFFRE-FORT

Honoraires comme en matière d'inventaire.

Démarches préalables : honoraires par vacations.

PROJET D'ACTE

Honoraires par rôles de minute (1).

PROMESSE DE BAIL

o fr. 20 p. 100.

Avec imputation sur l'honoraire de bail s'il se réalise dans la même étude.

Minimum : 10 fr.

SOCIÉTÉ (TRANSFORMATION OU FUSION DE)
(Sans ouverture au droit proportionnel d'enregistrement)

Honoraires comme en matière de constitution de société.

TRANSACTION

Honoraire de négociation égal à l'honoraire spécial à la convention (2).

---

(1) Cf. Tarif Légal. Vo Acte imparfait. « Il est évident que le magistrat appelé à taxer un projet, conformément à l'article 2 de la Loi du 20 juin 1896, a toute latitude pour apprécier l'importance du travail et déterminer le montant de l'honoraire qu'il doit allouer ». Amiaud. Traité général et pratique des Honoraires des Notaires. 2e édit. 1906. P. 207. No 215.

(2) Cf. Tarif Légal. Vo Transaction. « Cet acte donne ouverture à l'honoraire spécial de la convention à laquelle il aboutit et, de plus, s'il y a lieu, à un honoraire particulier réglé d'après les difficultés de l'affaire et les soins donnés à sa conclusion, conformément à l'article 2 de la Loi du 20 juin 1896 ».

II.

FRAIS NON TAXABLES

Application de l'art. 3 du Décret du 25 août 1898

DÉCRET DU 25 AOUT 1898

Aʀᴛ. 3. — Les dispositions du présent tarif ne sont point exclusives des émoluments qui peuvent être réclamés par les notaires, soit pour des travaux autres que la rédaction des actes, soit pour des missions dont ils seraient chargés à titre exceptionnel, et qui n'auraient rien d'incompatible avec la nature de leur ministère (1).

Ces émoluments sont régles à l'amiable sous le contrôle des Chambres de discipline.

(1) Le Traité général théorique et pratique des Honoraires des Notaires, publié par M. Amiaud, Chef du bureau du notariat au Ministère de la Justice, membre de la Commission du Tarif Légal, et par M. Voland, secrétaire de la Commission du Tarif Légal, avec une préface de M. La Borde, Directeur des Affaires Civiles au Ministère de la Justice, président de la Commission du Tarif Légal, énumère, en les commentant, les travaux et missions que l'on rencontre le plus fréquemment dans la pratique : Actes sous signatures privées; Administration *ad hoc;* Administration provisoire de succession, de curatelle, de succession bénéficiaire, de succession vacante ; Administration et liquidation de sociétés ; Administration de fortune ; Arbitrage ; Arpentage; Assistance d'une tierce partie devant la Chambre de Discipline; Certification de signatures; Conseil judiciaire; Conseils et consultations; Correspondance; Election de domicile ; Exécution testamentaire ; Expertise; Gestion ; Mutations, conversions et transferts de valeurs ; Négociations pour emprunts, ventes et baux ; Projets d'actes non réalisés; Droits de recette ; Représentation des présnmés absents; Séquestre ; Testament olographe (2ᵉ édition, 1906, pp. 100-116, nᵒˢ 34-53).

Cf. Commentaire de l'art. 3 du Décret du 25 août 1898 par M. Amiaud. *Journal du Notariat.* 10 janvier 1926. P. 5-32.

Les notaires ne peuvent percevoir aucun droit de recette et de comptabilité pour l'encaissement et la garde des fonds et des valeurs déposés en conséquence ou pour l'exécution directe d'un acte de vente ou d'emprunt passé dans leur étude (1).

(1) « Le notaire qui consent à recevoir, soit des fonds destinés à un paiement qui sera constaté par un acte authentique, soit un prix de vente ou d'adjudication payé comptant, soit le montant d'une obligation hypothécaire, pour ne les remettre au vendeur ou à l'emprunteur qu'après l'accomplissement des formalités hypothécaires, ne peut réclamer un droit de recette.

« Mais il cesse d'en être ainsi lorsque le recouvrement ou le paiement effectué ne forme pas l'objet principal de l'acte, lorsqu'il résulte d'un mandat spécial et lorsqu'il entraîne une responsabilité particulière.

« Nous n'en citerons que deux exemples.

« Un prix est stipulé payable comptant, mais il est entendu qu'au lieu d'être remis au vendeur ce prix sera conservé par le notaire, pour être distribué après répartition à divers créanciers. Il y a mandat spécial, responsabilité particulière. La distribution aux créanciers n'est pas l'objet principal de l'acte. Un honoraire particulier est dû.

« Un notaire est chargé de la recette du prix d'adjudication d'immeubles vendus au détail. Le paiement est un fait indépendant de l'adjudication. Le notaire ne fait le recouvrement qu'en raison du mandat qu'il est d'usage de lui confier. L'exécution de ce mandat entraîne une responsabilité. Le notaire a le droit incontestable de réclamer un honoraire proportionné aux encaissements qu'il effectue. » (Même ouvrage, 2e édition, 1906. P. 113, no 49).

LETTRE DU MINISTRE DE LA JUSTICE
du 10 Juillet 1899

D'après l'article 3 du Décret du 25 août 1898, les dispositions du Tarif Légal ne sont pas exclusives des émoluments qui peuvent être réclamés par les notaires, **soit pour des travaux autres que la rédaction des actes, soit pour les missions dont ils seraient chargés et parmi lesquelles on doit comprendre les négociations de vente ou d'emprunt.** Ces émoluments, d'après le même article 3, doivent être réglés à l'amiable, sous le contrôle de la Chambre de discipline. En présence de ces textes, on ne saurait méconnaître que **les Chambres aient le droit de se concerter** et de donner leur avis sur les conditions dans lesquelles pourraient être réclamés des honoraires spéciaux de négociation et d'**en fixer l'importance.**

Sans doute on ne saurait admettre que les Chambres, en vue de cette réglementation, fixent à l'avance un honoraire invariable sans tenir compte des circonstances particulières de chaque affaire.

Mais, pour éviter des conflits ou des faits de concurrence, toujours regrettables entre les officiers publics d'une même Compagnie, je ne vois aucun inconvénient à ce que **les Chambres, par une délibération réglementaire, rappellent les usages suivis** traditionnellement par les notaires en cette matière, **invitent les membres de la corporation à s'y conformer, et fixent** même au besoin **le chiffre maximum de rémunération** qui ne pourrait être dépassé.

CIRCULAIRE
DU MINISTRE DE LA JUSTICE
du 3 Mai 1900

Si l'on ne peut laisser aux Compagnies de notaires le droit de formuler un tarif obligatoire pour rémunérer, soit les actes omis dans les décrets, **soit les mandats et gestions prévus par l'article 3 des Dispositions Générales,** il convient de reconnaître au contraire que la surveillance et l'intervention des Chambres doivent, en cette matière, s'exercer activement, en vertu du contrôle qui leur est expressément conféré.

Tout en s'abstenant d'établir un tarif **impératif** et de fixer les cas où des honoraires spéciaux **devraient** être réclamés, **les Chambres ont la faculté de donner leur appréciation sur les conditions dans lesquelles il peut être formé une demande d'honoraires, de rappeler les usages suivis** dans l'arrondissement en vertu d'une longue tradition, **et de tracer ainsi aux notaires,** d'une manière générale, **une règle de conduite.**

DÉLIBÉRATIONS

des Chambres des Notaires des arrondissements de Dijon (1909), de Beaune (1920), de Châtillon-sur-Seine (1920 et de Semur (1920).

La Lettre ministérielle du 10 juillet 1899 reconnaît que les notaires ont droit, en sus des honoraires de rédaction prévus par le Tarif légal, à des honoraires spéciaux et notamment à des honoraires de négociation. Ces honoraires sont réglés à l'amiable sous le contrôle des Chambres, à qui il appartient d'en fixer l'importance et de déterminer les cas dans lesquels ils pourront être réclamés.

La Circulaire ministérielle du 3 mai 1900, tout en prohibant l'établissement de tarifs proprement dits ayant un caractère impératif, déclare que les Chambres peuvent, d'une manière générale et en se basant sur les usages et la tradition, tracer aux notaires une règle de conduite.

La Chambre déclare que les délibérations relatives à la perception d'honoraires spéciaux sont conçues dans l'esprit de la Lettre et de la Circulaire ministérielles ; qu'en fixant des émoluments, notamment des honoraires à titre de droits de négociation et de droits de recette, elle n'a fait que confirmer les usages suivis dans l'arrondissement en vertu d'une longue tradition ; qu'au surplus elle n'a jamais entendu édicter des dispositions impératives, mais seulement indicatives, pour les honoraires à percevoir dans certaines circonstances ; enfin qu'elle s'est réservée expressément l'exercice de son droit de contrôle pour chaque cas particulier.

CIRCULAIRE DU COMITÉ RÉGIONAL
DES NOTAIRES
du Ressort de la Cour d'Appel de Dijon
(Mars 1925)

DES HONORAIRES NON TAXABLES EN GÉNÉRAL
DES HONORAIRES DE NÉGOCIATION SPÉCIALEMENT

La Cour d'Appel de Dijon a rendu, le 28 novembre 1924, sur réquisitions conformes de M. le Procureur Général remplissant en personne les fonctions de ministère public, un arrêt qui reconnaît la légitimité des honoraires non taxables et qui détermine les conditions dans lesquelles ces honoraires et, spécialement, des honoraires de négociation, peuvent être dus.

« Attendu qu'il n'est pas douteux, ni d'ailleurs contesté, que, en dehors des honoraires prévus par les tarifs, un notaire peut avoir droit, aux termes de l'article 3 du Décret du 25 août 1898, à des émoluments sous le contrôle de la Chambre de discipline, soit pour des travaux autres que la rédaction des actes, soit pour des missions dont il aurait été chargé à titre exceptionnel et qui n'auraient d'ailleurs rien d'incompatible avec la nature de son ministère, mais qu'il appartient au notaire, qui invoque son droit à des émoluments de cette sorte, d'en justifier...

« Attendu que ces honoraires exceptionnels (en l'espèce

honoraires de négociation) supposent que le notaire a mis en présence des parties qui ne se connaissent pas, ou, tout au moins, a obtenu d'elles un accord qui, sans lui, ne se serait pas produit...»

Ainsi la Cour reconnaît d'abord en principe la légitimité des honoraires non taxables, en dehors et en sus des honoraires taxables (1).

Puis elle précise les conditions dans lesquelles ces honoraires non taxables peuvent être dus : le notaire qui prétend y avoir droit doit en justifier en fait.

Enfin elle détermine spécialement les deux cas dans lesquels des honoraires de négociation sont dus en sus des honoraires de rédaction.

Premier cas : le notaire a mis en rapport l'une avec l'autre deux personnes qui ne se connaissent pas. Cette formule générale s'applique, en raison de sa généralité même, à toutes les hypothèses de mise en rapports : démarches personnelles, démarches par correspondance, démarches par intermédiaires, publicité par affiches ou par insertions, etc.

Deuxième cas : les deux personnes se sont mises directement en rapports l'une avec l'autre, mais le notaire est intervenu et son autorité a été nécessaire, soit pour conclure l'accord, soit pour en déterminer les clauses, les conditions et les modalités.

Cet arrêt est la reconnaissance, par la plus haute jurisprudence du ressort de la Cour d'appel et sur réquisitions conformes du Parquet Général, des tarifs départementaux d'honoraires non taxables en usage dans les départements du ressort.

(1) Jurisprudence constante. Versailles, 19 août 1899. Vienne, 1er décembre 1905. Montpellier, 26 décembre 1905. Marvejols, 1er février 1911. Rouen, 29 octobre 1913. Toulouse, 11 décembre 1914. Paris, 14 février 1923 et 6 février 1924. Lyon, 18 juillet 1924. Chateaubriant, 31 juillet 1924.

ADJUDICATIONS IMMOBILIÈRES

Le forfait des frais d'adjudications immobilières volontaires
sera uniformément fixé (1) :

Au-dessous de 5.001 fr. . . . . à 28 fr. p. 100
De 5.001 fr. à 50.000 fr. . . . . à 25 fr. p. 100
De 50.001 fr. à 100.000 fr. . . . . à 24 fr. p. 100
Au-dessus de 100.000 fr. . . . . à 22 fr. p. 100

Dans ce forfait ne sont pas compris les droits d'enregistrement spéciaux et notamment le droit supplémentaire en vue
de la revente (Loi du 13 juillet 1925, art. 39), la surtaxe au-
dessus de 300.000 fr. et au-dessus de 500.000 fr. (Loi du
13 juillet 1925, art. 42) et la taxe de première mutation (Loi
du 3 août 1926, art. 18).

Le forfait sera perçu sur le prix de chaque lot séparément
lorsque les lots seront composés d'immeubles distincts ; sur
le prix des lots réunis lorsque l'adjudication aura lieu après
réunion totale ou partielle des lots mis en vente (2).

La Circulaire Ministérielle du 7 juin 1901 prescrit que la
clause du forfait des frais d'adjudications immobilières soit
obligatoirement complétée par la phrase suivante **littéralement transcrite :**

« Ces frais, fixés à forfait, seront calculés conformément
au Tarif Légal du 25 avril 1898 et seront taxés, à la première
réquisition de la partie intéressée, pour le compte exclusif du
vendeur. »

---

(1) Au fur et à mesure de la diminution ou de l'augmentation des droits
d'enregistrement, ces taux forfaitaires subiront de plein droit et sans nouvelle délibération une diminution ou une augmentation correspondante.
(2) Loi du 29 décembre 1919, art. 34. Cf. Tarif Légal. Vo Vente par adjudication judiciaire d'immeubles.

En exécution de l'art. 57 de la Loi organique du 18 germinal an X confirmé par l'art. 2 de la Loi du 12 juillet 1880 (repos hebdomadaire des fonctionnaires publics) des art. 1er et 2 de la Loi du 13 juillet 1906 (repos hebdomadaire des employés) et de l'art. 95 de la Loi du 13 juillet 1911 (repos hebdomadaire des clercs des officiers ministériels), **les adjudications immobilières,** amiables et judiciaires **sont interdites dans le département de la Côte-d'Or les dimanches et les jours de fêtes légales.**

ADJUDICATIONS MOBILIÈRES

Le forfait des frais d'adjudications mobilières volontaires sera uniformément fixé (1) :

Pour les adjudications mobilières proprement dites (2)........................... à 15 fr. p. 100

Pour les adjudications de train de culture.   à 11 fr. p. 100

Ces taux forfaitaires ne s'appliqueront pas aux adjudications de coupes de bois et de fruits et récoltes pendants par racines.

BORDEREAUX DE RENOUVELLEMENT (3)

Vacations à recherche d'héritiers et d'état-civil ;

En cas d'honoraires de rédaction proportionnels............................ Une vacation.

En cas d'honoraires de rédaction minimum............................... Une demi-vacation

---

(1) Au fur et à mesure de la diminution ou de l'augmentation des droits d'enregistrement, ces taux forfaitaires subiront de plein droit et sans nouvelle délibération une diminution ou une augmentation correspondante.

(2) En sus taxe de luxe (5 %. L. 31 décembre 1917, art. 27, et L. 25 juin 1920, art. 57 et 58) et taxe de droit d'auteur (Tarif progressif. L. 20 mai 1920 et L. 27 octobre 1922).

(3) Cf. p. 27. Vᵒ Vacations. Et la note 1.

CERTIFICATION DE SIGNATURES

1° En cas de retraits de fonds ou de valeurs de bourse déposés dans des établis-
sements de crédit ou en cas de transferts
de valeurs de bourse (1) .... o fr. 20 p. 100
    Minimum., ... 3 fr.

2° En cas d'affidavit, d'income-tax ou
de déclaration de propriété de valeurs
étrangères........................ o fr. 50 par pièce
    Minimum........................ 1 fr.

DÉBOURSÉS

Pour tenir lieu des frais de bureau proprement dits (pape-
terie et correspondance), il sera porté dans la colonne
« Déboursés » du Livre d'Etude :

1° Au mot « Répertoire, correspondance et port de pièces » :

Par acte en brevet : 1 fr.

Par acte en minute : 1 fr. pour 10.000 fr. ou par fraction de
10.000 fr.

Plus le montant de la cotisation à la Bourse Commune et
2 fr. par lettre, grosse, expédition et extrait (2).

2° Au mot « Frais généraux » :

Par acte en brevet : 2 fr.

Par acte en minute : 1 fr. par 1.000 fr. ou par fraction de
1.000 fr., avec minimum de 2 fr.

3° Pour les actes rédigés ou expédiés sur papier libre, aux
mots « Timbre minute, Timbre grosse, Timbre expédition,

---

(1) Cf. p. 27. V° Vacations. Retrait de fonds ou de valeurs de bourse. Opé-
rations sur titres. Transferts de valeurs de bourse.

(2) Cf. Tarif Légal. V° Formalités hypothécaires, dernier alinéa, et Légalisations diplomatiques.

Timbre extrait » : o fr. 5o par feuille.

Minimum : 2 fr. par catégorie.

DÉCLARATION DE SUCCESSION (1)

Lorsqu'il y a liquidation faite ou en cours, les honoraires de classement et de dépouillement du dossier et les honoraires de recherche de renseignements, soit en l'étude, soit hors de l'étude, seront fixés en sus des honoraires de rédaction à o fr. 5o p. 100 de 1 à 5oo.ooo fr. et à o fr. 25 p. 100 au-dessus.

Minimum : une vacation.

Dans le cas contraire ils seront fixés à o fr. 25 p. 100 de 1 à 100.000 fr., à o fr. 5o p. 100 de 100.001 à 5oo.ooo fr. et à o fr. 3o p. 100 au-dessus.

Minimum : une vacation.

Vacation à dépôt de la déclaration de succession et à paiement des droits de mutation (2) :

En cas de déclaration de succession à
honoraires proportionnels .... Une vacation

En cas de déclaration de succession à
honoraires minimum .... Une demi-vacation

DÉCLARATION D'IMPOT SUR LE REVENU (3)

o fr. 25 p. 100 sur le revenu brut déclaré, augmenté des charges déduites

Minimum : une vacation.

---

(1) Pour les honoraires de rédaction des états de dettes, des attestations des créanciers, des copies collationnées des titres de créances, cf. p 6. Vº Déclaration de succession.
(2) Cf. p. 27. Vº Vacations. Et la note 1.
(3) Cf. p. 27. Vº Vacations. Et la note 1.

Les démarches orales et écrites au bureau des successions pour la discussion, la fixation, et la restitution des droits (Montpellier, 4 mai 1899) et le paiement des droits (Réponse 3859 du Ministre des Finances, *J. O.*, 28 mai 1925) constituent des mandats particuliers donnant lieu à une rémunération spéciale.

DROITS DE RECETTE ET DE GESTION

I. — Sans administration de biens

REVENUS

Sur les encaissements de revenus mobiliers et immobiliers...................................... 3 fr. p. 100

CAPITAUX

Sur les encaissements de prix de ventes et prix d'adjudications payés comptant (1) (Décret du 25 août 1898. Art. 3. Alinéa 3)... Gratuit.

Sur les encaissements du montant des emprunts dont le titre a été constitué par acte de l'étude (1)............................ Gratuit.

Sur les recouvrements de prix de ventes et de prix d'adjudications d'immeubles en détail 2 fr. p. 100

Sur les recouvrements de tous autres capitaux (prix de ventes et prix d'adjudications payables à terme, créances, etc.).......... 1 fr. p. 100

II. — Avec administration de biens

Les droits de recette et de gestion sont réglés amiablement avec les clients à des taux supérieurs aux taux fixés pour les droits de recette sans administration de biens et ne peuvent

(1) Cf. p. 11. Note 1.

dépasser les taux maxima fixés ci-après (IV) pour le cas de séquestre judiciaire ou amiable.

III. — Mandat spécial

Par analogie avec les droits de recette et de gestion en cas d'administration de biens, il est perçu, en cas de mandat spécial et suivant le cas, soit des droits de recette et de garde, soit des droits de recette et d'emploi, soit des droits de recette et de distribution de deniers, etc , le tout à des taux supérieurs aux taux fixés pour les droits de recette sans administration de biens, et sans dépasser les taux maxima fixés ci-après (IV) pour le cas de séquestre judiciaire ou amiable.

IV. — Séquestre

Lorsque les notaires auront été nommés séquestres judiciaires, administrateurs provisoires, administrateurs *ad hoc* ou conseils judiciaires, ou lorsqu'ils auront été choisis comme dépositaires ou séquestres amiables de biens litigieux, leurs émoluments seront fixés ainsi qu'il suit (1) :

1° Droits de recette :

A. Sur les encaissements de revenus immobiliers avec administration de biens. . . . .   5 fr. p. 100

B. Sur les encaissements de revenus immobiliers sans administration de biens et de revenus mobiliers. . . . .   3 fr. p. 100

C. Sur les encaissements de capitaux. . . . .   1 fr. p. 100

2° Droits de garde :

Sur les deniers comptants de toute nature et

(1) Cf. Tarif en usage près le Tribunal de la Seine. - Amiaud. Traité général théorique et pratique des Honoraires des Notaires. 2º. édition. 1906. p. 102. Note sous le nº 36. — Defrénois. Traité pratique du Tarif Légal des Notaires. 1º. édition. 1913. p. 57. Note sous le nº 66.

de toute origine et sur les valeurs de bourse, si
la garde est de trois années ou au-dessous .... 1 fr. p. 100

Si la garde de ces fonds ou valeurs excède trois années, les
notaires auront droit à un émolument supplémentaire, dont le
montant sera déterminé amiablement avec les parties sous le
contrôle de la Chambre.

V. — Règle générale

Les droits de recette doivent être supportés **exclusivement
par les créanciers** et retenus lors de la remise des fonds
encaissés pour eux.

DISTRIBUTION DE DENIERS PAR ACTE S. S. P.
OU PAR COMPTE (1)

Moitié de l'honoraire de distribution de deniers par acte
authentique (2) : o fr. 625 p. 100.

Minimum : une vacation.

EMPLOI ET REMPLOI DE FONDS (2)

o fr. 25 p. 100.
Minimum : une vacation.

EXPÉDITIONS ET EXTRAITS

Les dispositions de l'article 17 du Décret du 23 août 1898,
de l'alinéa 3 de l'article 3 du Décret du 29 décembre 1919 et
de l'article 3 du Décret du 29 janvier 1927, sur la limitation à
deux rôles des expéditions des actes dont la valeur n'excède
pas 1.000 fr., ne s'appliquent qu'à la première expédition.

(1) Cf. p. 27. V° Vacations. Et la note 1.
(2) Cf. Tarif Légal. V° Distribution de deniers par contribution.

Les rôles de la grosse et des expéditions ultérieures sont dus en entier (Auxerre, 13 juillet 1921).

Il est recommandé aux notaires de s'abstenir de délivrer : soit des extraits analytiques, plus difficiles à collationner que des extraits littéraux ; soit des extraits littéraux, revêtus de la mention « Pour extrait ne contenant rien de contraire à ce qui a été ci-dessus littéralement transcrit » ou de toute autre mention de même nature, plus difficiles à collationner que des expéditions littérales. Leur délivrance sera refusée par tous les notaires soucieux de ne pas engager sans nécessité leur responsabilité.

Les notaires délivrent les grosses, expéditions et extraits sans réquisition expresse. Une réquisition tacite est suffisante. Et il y a réquisition tacite toutes les fois que les grosses, expéditions et extraits ont une utilité pour les parties. (Avranches, 1er mars 1923. Délivrance d'une expédition d'inventaire).

EXPERTISE ET COMPOSITION DES LOTS

1) Sans acte à l'étude...................... 1 fr.   p. 100
2) Préalable à partage ou donation partage.   0 fr. 50 p. 100

INVENTAIRE (1)

Recherche de renseignements pour la rédaction de l'intitulé : une vacation.

MODÈLE DE PROCURATION OU DE DÉCHARGE

Même honoraire que pour la procuration ou la décharge en brevet.

---

(1) Cf. p. 27. V° Vacations. Et la note 1.

NÉGOCIATION (1)

Lorsque les contrats ci-après seront conclus avec le concours ou par l'intermédiaire du notaire ou en suite d'affiches ou d'annonces indicatives du nom du notaire, les honoraires de négociation dus en sus des honoraires de rédaction seront fixés ainsi qu'il suit :

1° Constitution de rente viagère
Obligation (2)
Quittance subrogative
Cession ou transport de créances   } 1.75 p. 100.

2° Ouverture de crédit
Prorogation de délai
Vente mobilière
Vente immobilière
Licitation
Echange
Dation en paiement   } 1.25 p. 100.

4° Bail | 0.375 p. 100.

Les honoraires de négociation doivent être supportés **exclusivement par les parties débitrices des frais d'actes.**

PRÊT PAR LE CRÉDIT FONCIER ET AUTRES SOCIÉTÉS DE CRÉDIT IMMOBILIER

Sur le contrat conditionnel (3) :
Honoraires de négociation (4)............... 1 p. 100

(1) Cf. p. 15 et 16. Arrêt de la Cour d'Appel de Dijon dn 28 novembre 1924.
(2) Pour les prêts consentis par le Crédit Foncier et autres sociétés de crédit immobilier, cf. p. 25. Vº Prêt par le Crédit Foncier.
(3) Pour les honoraires de rédaction, cf. p. 6. Vº Contrat conditionnel de prêt par le Crédit Foncier.
(4) Les honoraires de négociation comprennent, en outre de la négociation proprement dite, l'établissement de l'origine de propriété et la constitution du dossier des pièces justificatives.

Sur l'acte de réalisation :

Honoraires de rédaction : honoraires d'obligation du Tarif Légal.

SIGNIFICATION AUX COMPAGNIES D'ASSURANCES

Pour avis de mutation d'immeuble ou pour avis de transport d'indemnité (1) :

Au-dessus de 1.000 francs............... 5 fr. par lettre
Au-dessous de 1.000 francs............... 2 fr. par lettre

TESTAMENT

En cas de retrait d'un testament olographe par le testateur, en cas de caducité par prédécès des légataires institués, en cas de révocation par testament déposé en une autre étude, honoraires de garde suivant l'importance du legs et la durée de la garde, sous le contrôle de la Chambre (Tarbes, 29 décembre 1909).

Ces honoraires ne sont pas imputables sur les honoraires dûs au notaire dépositaire du testament valable.

VOYAGES

Honoraires par vacations (2).

---

(1) Cf. Tarif Légal. Vo Formalités hypothécaires, dernier alinéa. Légalisations diplomatiques.

(2) Pour les frais de voyage cf. Décret du 29 janvier 1927, art. 4.

VACATIONS (1)

<table>
<tr><td>

A requête en réunion de conseil de
famille . . . .

A représentation à conseil de famille
par mandataire . . . .

A acceptation bénéficiaire par man-
dataire . . . .

A renonciation à succession par man-
dataire . . . .

A renonciation à communauté par
mandataire . . . .

A pétition en remise d'amendes . . . .

A pétition en restitution de droits . . .

A conseils, consultations, conféren-
ces, examens de pièces et projets,
et autres travaux non relatifs à la
rédaction des actes de l'étude (2).

A dépôt ou à retrait de fonds ou de
valeurs de bourse déposés dans des
établissements de crédit (3) . . . .

A opérations sur titres et à transferts
de valeurs de bourse (3) . . . .

</td><td>

Honoraires par va-
cations.

Minimum : une va-
cation.

</td></tr>
</table>

(1) Cf. Tarif légal. Passim. V° Consignation. Déclaration préalable. Dépôt
au greffe. Paiement de contributions. Purge légale. Référé. Représentation.
Présentation de testament mystique et olographe.
   Cf. supra. V° Bordereaux de renouvellement. Déclaration d'impôt sur le
revenu. Déclaration de succession. Distribution de deniers. Emploi et rem-
ploi de fonds. Inventaire. Procès-verbal d'ouverture de coffre-fort.
   (2) Décret du 25 août 1898, art. 2.
   (3) Cf. p. 19. V° Certification de signatures 1°.

A signature des actes hors de l'étude. > Acte en brevet. Un quart de vacation. Acte en minute. Minimum : une demi-vacation.

VENTE ACTE EN MAINS

L'honoraire est dû sur le prix exprimé dans l'acte de vente sans déduction des frais. (D. du 25 août 1898, art. 14 et Cass. Civ. 11 janvier 1916).

III.

RECOUVREMENT

DES FRAIS

TAXABLES ET NON TAXABLES

LOI DU 24 DÉCEMBRE 1897

RECOUVREMENT DES FRAIS DUS AUX NOTAIRES AVOUÉS ET HUISSIERS

ARTICLE PREMIER. — Le droit des notaires au paiement des sommes à eux dues pour les actes de leur ministère se prescrit par cinq ans, à partir de la date des actes. Pour les actes dont l'effet est subordonné au décès, tels que les testaments et les donations entre époux pendant le mariage, les cinq ans ne courront que du jour du décès de l'auteur de la disposition.

Il n'est pas innové, en ce qui concerne les huissiers et les avoués, aux dispositions édictées par les articles 2272 et 2273 du Code Civil.

La prescription a lieu quoiqu'il y ait eu continuation d'actes de leur ministère de la part des notaires, avoués et huissiers. Elle ne cesse de courir que lorsqu'il y a eu compte arrêté, reconnaissance, obligation ou signification de taxe, en conformité de l'article 4 ci-après.

Les articles 2275 et 2278 du Code Civil sont applicables à ces prescriptions.

ART. 2. — Les demandes en taxe et les actions en restitution de frais dus au notaires, avoués et huissiers, pour les actes de leur ministère, se prescrivent par deux ans du jour du paiement ou du règlement par compte arrêté, reconnaissance ou obligation.

Art. 3. — Les notaires, avoués et huissiers ne pourront poursuivre le paiement des frais s'appliquant aux actes de leur ministère qu'après en avoir obtenu la taxe et suivant les formes établies à l'article suivant.

La demande de taxe pour les notaires est portée devant le président du tribunal civil de la résidence des notaires ou, en cas d'empêchement, devant un juge commis par lui. La taxe sera arrêtée conformément au tarif s'il s'agit d'actes qui y sont compris, et, s'il s'agit d'actes non tarifiés, suivant la nature et l'importance de ces actes, les difficultés que leur rédaction a présentées et la responsabilité qu'ils peuvent entraîner.

Pour les avoués et huissiers, la taxe sera faite par le président du tribunal ou par le premier président de la Cour d'Appel où les frais ont été faits, ou, à leur défaut, par un juge qu'ils désigneront. S'il s'agit de frais relatifs à une instance, le magistrat taxateur devra, à moins d'empêchement, avoir pris part au jugement ou à l'arrêt.

Pour les notaires et les avoués, en matière de compte, liquidations et partage, les frais faits devant le tribunal seront taxés, à moins d'empêchement, par le juge-commissaire.

Art. 4. — Les notaires, avoués et huissiers devront signifier à la partie débitrice, par acte d'avoué à avoué s'il y a avoué constitué, sinon à personne ou domicile, l'état détaillé des frais taxés et l'ordonnance du magistrat taxateur revêtue, sur minute, de la formule exécutoire.

Cette signification contiendra, en outre, à peine de nullité : 1° constitution d'avoué pour le requérant ; 2° la déclaration que cette ordonnance deviendra définitive, si elle n'est pas frappée d'opposition dans les délais déterminés au paragraphe suivant.

Dans les quinze jours de la signification, sauf l'application des dispositions des articles 73, 74 et 1033 du Code de Procédure Civile, l'ordonnance de taxe est susceptible d'opposition de la part tant de la partie débitrice que de la partie qui en est bénéficiaire. Cette opposition est motivée et faite par acte d'avoué à avoué, s'il y a avoué constitué ; sinon, par ajournement.

Le délai imparti par le paragraphe précédent est suspendu par la mort de l'une des parties ayant le droit d'opposition. Il reprend son cours après une nouvelle signification faite au domicile du défunt, et à compter de l'expiration des délais pour faire inventaire et délibérer si cette signification a eu lieu avant que ces derniers délais fussent expirés. Cette signification pourra être faite aux héritiers collectivement, et sans désignation des noms et qualités.

Les débats auront lieu en chambre du conseil, sans procédure, le ministère public entendu.

Le jugement sera rendu en audience publique : il sera susceptible d'appel dans les termes et dans les cas ordinaires.

La signification de l'ordonnance de taxe, faite conformément aux prescriptions de la présente loi, à la requête des notaires, avoués et huissiers, interrompt la prescription et fait courir les intérêts.

L'ordonnance de taxe vaut titre exécutoire ; elle emporte hypothèque judiciaire ; mais elle ne pourra être exécutée et l'inscription ne pourra être prise valablement qu'après l'expiration du délai d'opposition.

Art. 5. — Les mêmes règles s'appliquent aux frais, non liquidés par le jugement ou l'arrêt, réclamés par un avoué, distractionnaire des dépens, contre la partie adverse condamnée à les payer.

Toutefois, en ce cas :

1° Le délai d'opposition ne sera pas augmenté à raison des distances, si le jugement ou l'arrêt sur le fond est contradictoire.

2° L'appel ne sera recevable que s'il y a appel de quelque disposition sur le fond.

3° L'ordonnance de taxe pourra être exécutée dès qu'elle aura été signifiée, et l'inscription de l'hypothèque judiciaire pourra être valablement prise, même avant la signification.

L'exécution de l'ordonnance de taxe sera suspendue s'il y est fait opposition ou si la décision sur le fond est frappée d'opposition ou d'appel

Art. 6. — La présente loi est applicable aux paiements et règlements effectués, aux actes passés et aux frais faits antérieurement à sa promulgation.

Art. 7. — La Loi du 5 août 1881 est abrogée.

L'article 30 de la Loi du 22 frimaire an VII, l'article 51 de la Loi du 25 ventôse an XI et les Décrets du 16 février 1807 sont abrogés dans celles de leurs dispositions qui sont contraires à la présente loi.

Art. 8 — La présente loi est applicable à l'Algérie et aux colonies.

CIRCULAIRE DU COMITÉ RÉGIONAL DES NOTAIRES

du Ressort de la Cour d'Appel de Dijon

(Juin 1922)

TAXE DES HONORAIRES TAXABLES ET VISA DES HONORAIRES NON TAXABLES

Les tarifs des honoraires non taxables, édictés en vertu de l'article 3 du Décret du 25 août 1898, de la Lettre Ministérielle du 10 juillet 1899 et de la Circulaire Ministérielle du 3 mai 1900, ont un double but : l'intérêt des notaires et l'intérêt du public.

Il est de l'intérêt des notaires de suivre une même règle de conduite et de recevoir à cet effet des directives identiques qui les garantissent contre les écarts des initiatives individuelles, qu'il s'agisse de tendances à la hausse qui seraient répréhensibles ou de tendances à la baisse qui constitueraient une concurrence déloyale.

Il est de l'intérêt du public que les usages locaux soient codifiés et réglementés, que les cas où des honoraires spéciaux peuvent être perçus soient déterminés, que le montant de ces honoraires soit fixé, et que dans une même région, qui ne paraît pas pouvoir normalement être inférieure à un département, l'identité des tarifs d'arrondissements lui assure l'égalité de traitement.

C'est dans cet esprit, et sur l'initiative du Comité Régional, que les Chambres du ressort de la Cour d'Appel de Dijon se sont entendues, département par département, pour compléter, mettre au point et unifier les tarifs des honoraires non taxables. Les premières éditions de ces tarifs départementaux portent la date de 1922. Des exemplaires en ont été remis à M. le Procureur Général et, dans chaque arrondissement, à M. le Procureur de la République.

Le contrôle des honoraires taxables (1) a été confié, par l'article 51 de la Loi du 25 ventôse an XI, l'article 173 du Décret du 16 février 1807, l'article 2 de la Loi du 20 juin 1896 et l'article 3 de la Loi du 24 décembre 1897, au président du Tribunal Civil et subsidiairement, en cas d'opposition, au Tribunal Civil. En fait, l'ordonnance de taxe du président du Tribunal Civil est précédée pour avis du visa du Président de la Chambre.

Le contrôle des honoraires non taxables (2) a été confié par l'article 3 du Décret du 25 août 1898 à la Chambre de discipline et subsidiairement, en cas de désaccord, à la juridiction ordinaire (Tribunal Civil ou Tribunal de paix suivant l'importance du litige) : en fait, et sauf le cas de conflit, le président de la Chambre exerce par délégation le droit de contrôle de la Chambre.

De même que le Tarif Légal des honoraires taxables et les tarifs des honoraires non taxables ont été faits à la fois dans l'intérêt des notaires et dans l'intérêt du public, de même leurs intérêts concordent pour que le contrôle de tous les honoraires

---

(1) Les honoraires taxables sont ceux qui sont dûs pour la rédaction, soit des actes compris dans le Tarif Légal, soit des actes non compris dans le Tarif Légal (supra, p. 60-62).

(2) Les honoraires non taxables sont ceux qui sont dûs pour des travaux autres que la rédaction des actes.

s'exerce parallèlement et soit réglementé. Les notaires, qui ont réclamé des frais d'actes comprenant des honoraires taxables et des honoraires non taxables et à qui le détail de ces frais est demandé, doivent pouvoir justifier qu'ils avaient agi dans la plénitude de leurs droits et qu'ils n'avaient demandé que des honoraires taxables conformes au Tarif Légal et des honoraires non taxables conformes au tarif en usage dans leur département. Et le public doit trouver, sur le détail des frais qui lui est remis à sa demande, la preuve du contrôle exercé par le président de la Chambre tant en ce qui concerne les honoraires taxables qu'en ce qui concerne les honoraires non taxables.

A cet effet le Comité Régional demande à toutes les Chambres du ressort de la Cour d'Appel d'adopter le même procédé de contrôle.

I. Le notaire établit sur papier timbré deux états de frais, un pour les honoraires taxables (modèle I), un pour les honoraires non taxables (modèle II).

II. Le notaire remet les deux états de frais au président de la Chambre.

III. Le président de la Chambre vise l'état des honoraires non taxables en le frappant :

1° D'un timbre ainsi libellé : « Visé et arrêté le présent état à la somme de.... fr. A.... le.... Le président de la Chambre. »

2° Du sceau de la Chambre.

IV. Le président de la Chambre vise l'état des honoraires taxables en le frappant :

1° D'un timbre ainsi libellé : « Visé et arrêté le présent état, sous réserve des émoluments supplémentaires dus en vertu de l'article 3 du Décret du 25 août 1898 et fixés à.... fr.

sous le contrôle de la Chambre, à la somme de.... fr.
A.... le.... Le Président de la Chambre. »

2° Du sceau de la Chambre.

V. Le président de la Chambre soumet à la taxe du président du Tribunal l'état des honoraires taxables.

VI. Le président de la Chambre remet au notaire :

1° L'état des honoraires taxables visé par lui et taxé par le président du Tribunal.

2° L'état des honoraires non taxables visé par lui.

VII. Le notaire communique amiablement aux parties en son étude les deux états de frais. (1)

VIII. Enfin, dans le cas très rare de conflit absolu. il peut d'une part signifier aux parties l'état des honoraires taxables et par le fait même le montant des honoraires non taxables compris dans le visa du Président de la Chambre et approuvé par lui, et, d'autre part, poursuivre devant la juridiction ordinaire le recouvrement des honoraires non taxables.

Ce procédé de contrôle est en usage depuis longtemps dans plusieurs arrondissements A la demande du Comité régional **M. le Premier Président de la Cour d'Appel et M. le Procureur Général ont bien voulu le faire connaître aux Présidents et aux Parquets de tous les Tribunaux de première instance du ressort et leur en recommander l'application.**

---

(1) Sur le droit des notaires de signifier l'ordonnance de taxe avant la délivrance de l'état de frais prescrit par l'art. 9 du Décret du 25 août 1898, cf. l'exposé des motifs du projet de loi renvoyé le 1er juin 1908 par la Chambre des Députés à la Commission de la réforme judiciaire. (Defrénois. Répertoire général pratique du notariat et de l'enregistrement. 1908. IVe Partie. Bulletin parlementaire, p. 53-54.)

Annexes.

MODÈLE I.

**Etat des déboursés et honoraires dus à M⁹. ... notaire
à..... par.....**

	Sommes dues au Trésor	Honoraires	Totaux
Total	140 »	30 »	170 »
Timbre du présent état			3 60
Total général..................................			173 60

Le présent état s'élevant à la somme de CENT SOIXANTE-TREIZE fr.
SOIXANTE cent. a été certifié sincère et véritable par M⁹..... notaire
soussigné.

    A..... le.....

(Signature du notaire.)
(Sceau du notaire.)

Visé et arrêté le présent état, sous réserve des émoluments supplémen-
taires dus en vertu de l'article 3 du Décret du 25 août 1898 et fixés à DIX-
SEPT fr. sous le contrôle de la Chambre, à la somme de CENT SOIXANTE-
TREIZE fr. SOIXANTE cent.

    A..... le.....

Le Président de la Chambre.

(Signature du Président de la Chambre.)
(Sceau de la Chambre.)

Taxé par Nous, Président du Tribunal civil de.... , à la somme de
CENT SOIXANTE-TREIZE fr. SOIXANTE cent.

    A..... le.....

(Signature du Président du Tribunal.)
(Sceau du Tribunal.)

MODÈLE II.

**Etat des émoluments supplémentaires dus à Mᵉ   notaire
à   par**

	Emoluments	Totaux
. . . .		
Total	15 »	15 »
Timbre du présent état.		3 60
Total général		18 60

Le présent état s'élevant à la somme de DIX-HUIT fr. SOIXANTE cent. a été certifié sincère et véritable par Mᵉ. . . . . notaire soussigné.

     A. . . . . le. . . . .

(Signature du notaire.)
(Sceau du notaire.)

Visé et arrêté le présent état à la somme de DIX-HUIT fr. SOIXANTE cent.

     le

Le Président de la Chambre.

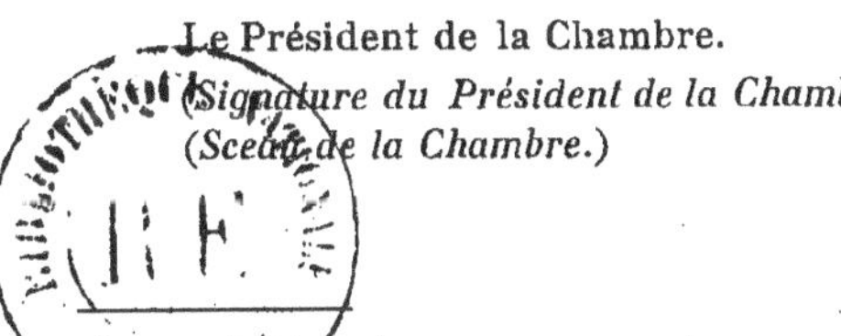

(Signature du Président de la Chambre.)
(Sceau de la Chambre.)